IDEÍSMO

CB055371

Jack Foster

IDEÍSMO

Como disseminar idéias no seu ambiente de trabalho

Tradução
GILSON CÉSAR CARDOSO DE SOUSA

Ilustrações
LARRY CORBY

EDITORA CULTRIX
São Paulo

Título original: *Ideaship*.

Copyright © 2001 Jack Foster.

Publicado pela primeira vez por Berrett-Koehler Publishers, Inc. San Francisco, CA, EUA.

Todos os direitos reservados. Nenhuma parte deste livro pode ser reproduzida ou usada de qualquer forma ou por qualquer meio, eletrônico ou mecânico, inclusive fotocópias, gravações ou sistema de armazenamento em banco de dados, sem permissão por escrito, exceto nos casos de trechos curtos citados em resenhas críticas ou artigos de revistas.

Dados Internacionais de Catalogação na Publicação (CIP)
(Câmara Brasileira do Livro, SP, Brasil)

Foster, Jack, 1930- .
Ideísmo : como disseminar idéias no seu ambiente de trabalho / Jack Foster ; tradução Gilson César Cardoso de Sousa ; ilustrações Larry Corby. — São Paulo : Cultrix, 2005.

Título original: Ideaship.
Bibliografia.
ISBN 85-316-0885-6

1. Administração 2. Ambiente de trabalho 3. Criatividade em negócios 4. Liderança 5. Psicologia industrial I. Corby, Larry. II. Título. III. Título: Como disseminar idéias no seu ambiente de trabalho.

05-1933   CDD-658.4092

Índices para catálogo sistemático:

1. Criatividade no ambiente de trabalho :
Liderança : Administração de empresas
658.4092
2. Liderança executiva : Administração de empresas
658.4092

O primeiro número à esquerda indica a edição, ou reedição, desta obra. A primeira dezena à direita indica o ano em que esta edição, ou reedição, foi publicada.

Edição	Ano
1-2-3-4-5-6-7-8-9-10-11	05-06-07-08-09-10-11-12

Direitos de tradução para o Brasil
adquiridos com exclusividade pela
EDITORA PENSAMENTO-CULTRIX LTDA.
Rua Dr. Mário Vicente, 368 — 04270-000 — São Paulo, SP
Fone: 6166-9000 — Fax: 6166-9008
E-mail: pensamento@cultrix.com.br
http://www.pensamento-cultrix.com.br
que se reserva a propriedade literária desta tradução.

Impresso em nossas oficinas gráficas.

Jack Foster
*Para minha esposa,
Nancy, e meus filhos,
Mark e Tim*

Larry Corby
*Para minha filha,
Laura Ann*

SUMÁRIO

Prefácio 9

Parte I O que é ideísmo? 13

Parte II Como tornar-se um ideísta? 17
   1. Ajude as pessoas a se julgarem melhores 19
   2. Ajude a criar um ambiente alegre 25

**Parte III Dezesseis coisas pessoais
que você pode fazer** 31
   1. Siga a regra de ouro 33
   2. Zele pelas pessoas com quem você trabalha 35
   3. Lembre-se de que elas trabalham com você, não para você 38
   4. Certifique-se de que elas o estimam 40
   5. Assuma a culpa, abra mão do elogio 42
   6. Contrate apenas pessoas que você gosta 45
   7. Confie nelas 48
   8. Reconheça o esforço delas 50
   9. Dê-lhes a liberdade de errar 54
   10. Ajude-as a alcançar os objetivos 56
   11. Nunca minta em assuntos importantes 58
   12. Mostre um pouco de entusiasmo 60
   13. Peça ajuda 62
   14. Elimine a palavra "eu" 64
   15. Faça-se de bobo 66
   16. Divirta-se 68

Parte IV Sete coisas organizacionais que você pode fazer ... 71
   1. Elimine a necessidade de aprovação ... 73
   2. Transforme todos em proprietários ... 76
   3. Dê-lhes o que eles precisam ... 78
   4. Mantenha o pequeno porte ... 80
   5. Conte a eles tudo sobre a empresa ... 82
   6. Reduza o número de regras ... 84
   7. Financie a educação deles ... 86

Parte V Dezoito coisas estratégicas que você pode fazer ... 89
   1. Não peça uma solução — peça várias ... 91
   2. Faça o trabalho deles parecer mais fácil ... 93
   3. Não rejeite idéias — peça mais ... 95
   4. Dê-lhes mais de um problema por vez ... 98
   5. Solicite mais idéias — e mais rápido ... 101
   6. Se a coisa não funcionar, modifique-a ... 103
   7. Permita que eles sejam solistas ... 105
   8. Deixe que ajam a seu próprio modo ... 107
   9. Certifique-se de que o problema é o problema ... 109
   10. Deixe-os brilhar ... 111
   11. Cuidado com o medo ... 113
   12. Nós *versus* eles, não nós *versus* nós ... 115
   13. Participe do que todos fazem ... 118
   14. Compartilhe experiências ... 120
   15. Procure maneiras de gerar alegria ... 122
   16. Insista nas férias ... 124
   17. Deixe que saiam de férias quando quiserem ... 126
   18. Esqueça a eficiência, preocupe-se com as idéias ... 128

O que você vai fazer agora? ... 131

Notas ... 134

PREFÁCIO

No meu livro anterior — *How to Get Ideas* [Como ter idéias] —, citei a definição de idéia proposta por James Webb Young: "Nada mais, nada menos que uma combinação nova de elementos velhos."

Essa definição, quero crer, é consoladora, pois sustenta que as idéias não são coisas enigmáticas que só as pessoas brilhantes conseguem produzir. Muito pelo contrário, gente comum cria idéias todos os dias, simplesmente combinando elementos que já conheciam.

Esboço também um procedimento de cinco passos para resolver problemas e suscitar idéias, método comprovado que elimina o mistério e a ansiedade do processo de gerar idéias: (1) defina o problema, (2) reúna a informação, (3) procure a idéia, (4) descontraia-se e (5) ponha a idéia em ação.

Todavia, advirto os leitores de que, se quiserem ter as idéias de que são capazes, deverão primeiro condicionar a mente instruindo-se mais, visualizando seus objetivos, confiando em sua natureza ingênua, reformulando seus pensamentos, robustecendo sua coragem, aprendendo a fazer combinações e, o que talvez seja mais importante, divertindo-se e afeiçoando-se às idéias.

Como tudo o mais na vida, essas técnicas de condicionamento mental são, principalmente, coisas que temos de fazer por nós mesmos.

Entretanto, se você possuir ou dirigir um negócio, se for um presidente, coordenador, diretor, supervisor ou chefe de departamento; se for um técnico, professor ou consultor — isto é, se estiver em posição de liderança, não importa onde —, poderá valer-se do cargo para estimular a criatividade nas pessoas com quem trabalha. Como? Simplesmente ajudando-as a alcançar duas importantíssimas etapas de condicionamento mental: ter alegria e dedicar-se às idéias.

Eis, pois, o tema deste livro — *diferente* do que tratei no anterior, a saber, *como* ter idéias; também não ensina a dirigir, administrar ou supervisionar melhor os colegas de trabalho. *Ideísmo* versa, isso sim, sobre o modo de ajudar as pessoas a tornar-se grandes funcionários pela liberação de sua criatividade.

Por que tudo isso é importante?

É difícil superestimar a importância da criatividade no ambiente de trabalho, de ter empregados cheios de idéias e soluções para os problemas. Com efeito, Nathan Mhyrvold, ex-chefe do departamento de tecnologia da Microsoft, afirma que um grande funcionário vale *mil vezes* um empregado comum. Por quê? Por causa da qualidade de suas idéias.

As novas idéias são as rodas do progresso. Elas dirigem a economia, criam empresas, geram empregos.

E os grandes funcionários? Bem, os grandes funcionários costumam ter grandes idéias.

Por que este livro é único?

O departamento de criação de uma agência de publicidade não se parece em nada com outras organizações no mundo porque é montado com um único propósito em mente: fomentar idéias exeqüíveis para resolver toda uma variedade de problemas, para diversas empresas e em múltiplos campos.

O *ideísmo* estrutura as lições aprendidas nesse departamento, lições sobre como criar um ambiente propício às idéias e estimular as pessoas a cultivá-las.

Nelas, aparecem inúmeras coisas pessoais, organizacionais e estratégicas a que você pode recorrer para liberar a criatividade de seu pessoal e, assim, disseminar idéias — como nunca antes — em seu ambiente de trabalho.

PARTE I

O QUE É IDEÍSMO?

Devotei metade da minha vida à propaganda. Metade desse tempo como chefe de departamentos de criação em agências de publicidade, metade como funcionário.

Certa feita, falava a um cliente meu sobre as dificuldades de dirigir um departamento desse tipo, que é, por definição e perfil, um conjunto de espíritos desajustados e livres, de pensadores originais, de pessoas que resistem à autoridade e rejeitam o dogma — cuja força consiste na capacidade de descobrir, mediante encomenda, soluções inéditas para problemas variados.

Ele pensou sobre o assunto por um instante e disse: "Sim, dirigir um departamento de criação não é tarefa fácil. Qualquer tentativa de orientar, conduzir ou comandar pessoas assim será sempre contraproducente. Elas se rebelarão. Ou se retrairão."

Talvez estivesse certo.

Isso, porém, aconteceu porque usamos as palavras erradas. "Orientar", "conduzir", "comandar" não refletem o que eu, e muitos outros que se parecem comigo, fazíamos.

Não orientávamos, conduzíamos ou comandávamos nossos departamentos. Nós os ideizávamos.

Não éramos líderes. Éramos ideístas.

E a forma de arte que praticávamos não era a liderança; era o ideísmo.

Henry Miller escreveu certa vez: "Nenhum homem é suficientemente grande ou sábio para que a ele submetamos nosso destino. A única maneira de alguém nos governar é restaurar em nós a crença em nosso próprio tirocínio."

Um líder motiva, dirige, administra e conduz. Um ideísta restaura.

O líder lidera. O ideísta ideíza.

Em suma, o ideísmo é um passo além da liderança, pois o ideísta faz mais que liderar — ele ou ela retempera nas pessoas sua crença na capacidade própria de conduzir-se.

Outro cliente meu sustentava que os departamentos de criação são tão atípicos que nenhuma lição ali aprendida sobre liderança (eu ainda não cunhara o neologismo ideísmo) se aplica a outros grupos de pessoas em outros tipos de empresa.

Ora!

As pessoas criativas das agências de publicidade não patentearam a geração de idéias. Diariamente, seus colegas de trabalho trazem a você, sem dúvida, dezenas de sugestões, desde o modo de atuar mais rápido até uma forma de ampliar o horário de almoço, desde o modo de fazer entregas mais ágeis até uma forma de escrever melhor os memorandos, desde o modo de animar uma reunião de vendas até uma forma de acelerar a linha de produção.

Portanto, sabemos que eles *podem* ter idéias. E se você quiser que eles o procurem com projetos melhores e mais numerosos, baseados em pensamentos mais originais, abordagens inovadoras e soluções imprevistas, então o departamento de criação de uma agência de publicidade está longe de ser um modelo fantasmagórico que só um simplório ousaria imitar.

O contrário é que é verdadeiro: trata-se de um modelo para a sua empresa e as lições ali aprendidas constituem um guia para você.

* * * * * * *

O que se segue são, pois, lições que penso ter aprendido e algumas conclusões a respeito de ideísmo inspiradas em trinta e cinco anos de experiência em departamentos de criação de agências de publicidade.

PARTE II

COMO TORNAR-SE UM IDEÍSTA?

I.
AJUDE AS PESSOAS A SE JULGAREM MELHORES

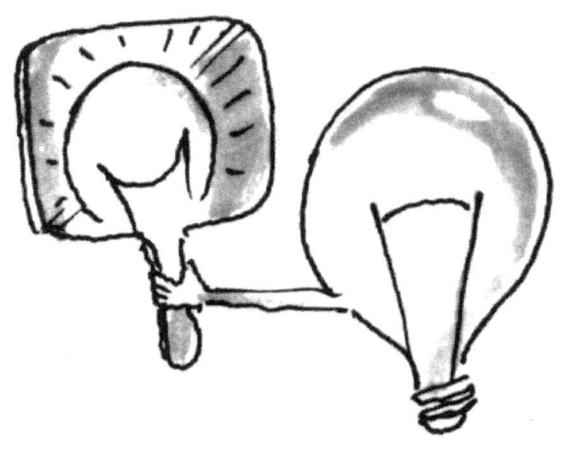

Há três importantes razões pelas quais você deve ajudar as pessoas a se julgarem melhores.

Em primeiro lugar, o que as pessoas acham de si mesmas é o fator isolado mais imprescindível para o seu sucesso.

A personalidade delas, suas ações, o modo como tratam os semelhantes, seu desempenho no trabalho, seus sentimentos, crenças, dedicação, aspirações, mesmo seu talento e habilidades são controlados pela auto-imagem.

As pessoas agem como imaginam que são.

Se se consideram fracassadas, certamente fracassarão.

Se se tomam por bem-sucedidas, sem dúvida terão êxito.

E há mais: se se julgam criativas, fontes de idéias, provavelmente se tornarão criativas e fontes de idéias.

"Elas podem fazer tudo porque estão certas de que podem", disse Virgílio; e esse fato fundamental a respeito do triunfo da auto-imagem é tão verdadeiro hoje, nos negócios, quanto o foi há dois mil anos na Grécia.

"O sucesso ou o fracasso nos negócios", escreveu Walter Dill Scott, "devem-se mais às atitudes mentais que à capacidade intelectual."

Em outras palavras, a postura vale mais que os fatos.

A diferença entre as pessoas que levam adiante suas idéias e as que não o conseguem pouco tem a ver com a faculdade de concebê-las. Tem a ver, antes, com a crença de que podem concebê-las.

Os que acham que podem, podem; os que acham que não podem, não podem.

É tudo muito simples. E não dá lugar a discussão.

Se você duvidar disso, pergunte-se por que tantas pessoas aparentemente talentosas fracassam, ao passo que outras, bem mais modestas, vencem.

O problema não é o que elas são. O problema é o que elas pensam que são.

Em segundo lugar, também é verdadeiro aquilo que William James chamou de "a maior descoberta da minha geração". Qual será ela?

"Os seres humanos podem mudar suas vidas se mudarem suas atitudes."

Ou, no dizer de Jean-Paul Sartre: "O homem é apenas aquilo que ele faz de si mesmo."

Também isso não está mais aberto à discussão.

Entretanto, é o que muitos líderes se recusam a aceitar. E, enquanto não o aceitarem, não se tornarão ideístas.

Eles reconhecem que a auto-imagem das pessoas dirige suas vidas, mas — a despeito das provas apresentadas por pais, ministros religiosos, médicos, filósofos, psicólogos, professores, terapeutas e milhares de livros de auto-ajuda — negam a possibilidade de essas mesmas pessoas conseguirem *mudar* a imagem que fazem de si mesmas.

Eles aceitam que "O que o homem pensa no seu coração, isso ele é". Todavia, parecem achar que, se o homem pensar diferentemente no seu coração, continuará o mesmo homem.

Não continuará. Será outro homem.

Eles parecem achar ainda que o homem *não pode* pensar diferentemente no seu coração e que o que pensa hoje foi gravado de maneira indelével em pedra.

Estão errados. O homem *pode* pensar de modo diferente.

Todos acreditamos, hoje, que a mente é capaz de alterar o funcionamento do corpo. As provas disso são simplesmente esmagadoras.

Viciados em drogas tomam placebos e não apresentam sintomas de abstinência, indivíduos alérgicos espirram perto de flores de plástico, crianças mal-amadas param de crescer, pacientes hipnotizados submetem-se a operações cirúrgicas sem anestesia, certas pessoas conseguem elevar ou baixar a pressão sangüínea à vontade, vítimas de câncer conseguem cura espontânea, coxos desenganados partem de Lourdes andando naturalmente — os exemplos são inúmeros.

Entretanto, entender o conceito de que a mente pode alterar o corpo é um salto difícil, um salto enorme, talvez mesmo um salto quantitativo.

Tudo o que lhe peço é dar um salto pequeno — aceitar a idéia de que a mente pode modificar ela mesma.

Com efeito, se você quiser tornar-se um ideísta, terá de reconhecer que as pessoas com quem trabalha podem e devem mudar.

De outro modo, estará fadado a dirigir uma companhia estagnada, que não progride nunca — companhia que, provavelmente, acabará onde começou, isto é, lá no fundo.

Em terceiro lugar, dada a sua posição como ideísta, você conseguirá ajudar os colegas a mudar suas atitudes.

Com efeito, sua principal tarefa será:
> *ajudar as pessoas a se julgarem melhores*
> *ajudá-las a robustecer sua auto-imagem.*

Isso você faz, não comandando, mas restaurando; não dirigindo, mas libertando; não liderando, mas ideizando.

Vou lhe contar uma história:

Fui redator da Foote, Cone & Belding, de Los Angeles. Comigo trabalhava outro redator, chamado Glenn. Era um camarada mais velho, excelente pessoa que, quando se dedicava, escrevia brilhantemente. O problema é que Glenn se dedicava pouco e bebia muito, produzindo quase nada. Quando fazia alguma coisa, suas idéias publicitárias eram lamentavelmente ultrapassadas, seu texto soava irregular e desconjuntado.

Deixei a agência mais ou menos na época em que John O'Toole, o lendário homem de propaganda, assumiu o cargo de diretor de criação. Dois anos depois, John era transferido na mesma função para a Foote, Cone de Chicago, enquanto eu voltava para ocupar o seu posto em Los Angeles... apenas para descobrir que Glenn ainda estava lá. Contudo, para minha surpresa, era de novo o Glenn brilhante, não o Glenn completamente perdido. Desde o meu primeiro dia como diretor de criação, ele se mostrou grande — sempre cheio de boas idéias, escrevendo bem e não bebendo nunca.

Telefonei para John e perguntei-lhe o que havia acontecido.

"Bem", explicou ele, "eu sabia que Glenn era um ótimo redator. Só perdera a confiança, eis tudo. Por isso, disse-lhe que ele era o melhor profissional que eu já conhecera e pedi-lhe para copidescar os textos que eu escrevia. Todo anúncio, toda apresentação, todo memorando, toda proposta, toda carta eu mostrava primeiro a Glenn e solicitava-lhe que melhorasse a peça. Em um mês, ele voltou à condição antiga."

John restaurara. John libertara. John ideizara.

Se você aceitar isso como o papel do ideísta, ele colorirá tudo o que fizer — quem irá contratar, o tipo de ambiente que criará, as orientações que dará, o modo de dá-las, o estilo da sua companhia, seus programas de treinamento, seus procedimentos, o tratamento que reservará às pessoas, o tipo de clientes e consumidores que atrairá, seus objetivos, sua produção, os serviços que tenciona prestar, tudo, tudo.

É que a sua empresa representa apenas o veículo graças ao qual alcançará seus fins.

Afinal de contas, a empresa não pode ter fins próprios — ela não passa de um reflexo de você mesmo e das pessoas que a integram e movimentam. Os fins da empresa são os seus fins.

Se você aceitar que o *seu* objetivo primário consiste em ajudar as pessoas a se julgarem melhores — inspirar, libertar, restaurar —, deverá aceitar também que o objetivo primário da sua empresa não pode restringir-se a ganhar mais dinheiro ou aperfeiçoar produtos, trabalhar com mais eficiência ou prestar melhores serviços.

O objetivo primário da *empresa* deve ser o *seu* objetivo primário — ajudar as pessoas a se julgarem melhores e propiciar-lhes o tipo de ambiente onde possam florescer a inspiração, a liberdade e a restauração.

Se criar esse tipo de ambiente é o objetivo primário, então os outros objetivos mais tradicionais — prestar melhores serviços, acumular mais dinheiro, aprimorar os produtos — serão alcançados naturalmente, pois, se você atingir o seu objetivo, as pessoas com quem você trabalha atuarão com mais zelo e terão grandes idéias. E isso, com mais rapidez e eficiência.

Mas, perguntará você, exatamente que tipo de ambiente convém criar?

2.
AJUDE A CRIAR UM AMBIENTE ALEGRE

Se você quiser que as pessoas se julguem melhores, o ambiente deverá ser amistoso e não hostil, aberto e não fechado, estimulante e não desencorajador, descontraído e não rígido, abrangente e não dispersivo — coisas essas que todos os livros sobre liderança e capacitação recomendam.

Terá, porém, de ser algo mais que isso.

Se você quiser que as idéias floresçam, o ambiente tem de ser alegre.

"Faça com que seja agradável trabalhar na sua agência", escreveu David Ogilvy. "Quando as pessoas não se divertem, raramente produzem bons anúncios. Mate a carranca com o riso. Encoraje a exuberância."

O Sr. Ogilvy não precisava limitar suas observações às agências de publicidade e à propaganda. O mesmo se podia dizer de qualquer negócio que ofereça qualquer produto ou serviço. Você sabe que esta é uma verdade: quem se diverte fazendo o que faz, faz melhor.

"A premissa número um nos negócios é que eles não têm de ser chatos e tristes", afirmou Thomas J. Peters. "Têm de ser alegres. Se não forem assim, você estará jogando fora a sua vida."

Observe-se que nem Ogilvy nem Peters duvidam do que seja mais importante: o bom trabalho ou a jovialidade. Esta vem antes.

"Se você me perguntar qual é o nosso objetivo primário", desafiou Ogilvy, "direi que não é conseguir o máximo de lucros para os nossos acionistas, mas dirigir a agência de um modo tal que *nossos funcionários sejam felizes*. O bom trabalho e os bons serviços aos clientes dependem disso."

Minha experiência me ensina o que a de Ogilvy lhe ensinou: as pessoas trabalham bem porque são felizes e porque estão se divertindo. Não o contrário.

Sem dúvida, elas se sentem realizadas e contentes quando fazem um bom trabalho; mas — pelo menos entre os redatores e diretores de arte das agências de publicidade em que atuei —, esses sentimentos não parecem transferir-se para o próximo emprego.

A alegria se transfere.

A alegria, como o entusiasmo, é contagiosa e tem o efeito de bola de neve, ajudando a reproduzir um bom trabalho dentro da organização.

Isso eu descobri logo no início da minha carreira.

Quando estreei na propaganda, os redatores e diretores de arte vestiam-se como quaisquer outros funcionários: homens, terno e gravata; mulheres, vestido ou *tailleur*.

No final dos anos 1960, tudo isso mudou. As pessoas começaram a aparecer de blusas, *jeans*, camisetas e tênis. Na época, eu dirigia um departamento de criação e o *Los Angeles Times* perguntou-me o que eu pensava das pessoas que iam trabalhar com esses trajes.

"Para mim, pouco importa se vierem de pijama", retruquei, "desde que façam seu trabalho."

É claro que, um dia depois da publicação do artigo (que me citava), todo o meu departamento apareceu de pijama. Foi divertidíssimo. O escritório se sacudia de riso e gaiatice.

Bem mais importante, esse dia e os que se seguiram foram um dos períodos mais produtivos que o departamento jamais experimentou. As pessoas estavam contentes e tudo melhorava.

Observem, de novo, a relação de causa e efeito: a alegria vem antes; o trabalho melhorado, depois. A jovialidade libera a criatividade. É uma das sementes que plantamos para colher idéias.

Em verdade, *nada é mais importante para o ideísta* do que montar esse tipo de ambiente, um ambiente a que os funcionários gostem de comparecer todos os dias, onde haja camaradagem e amizade, onde as pessoas desempenhem suas tarefas com entusiasmo e confiança, onde todos se estimem, onde todos se julguem parceiros e não empregados, onde — em suma — seja divertido trabalhar.

Quando isso acontece, o trabalho deixa de ser um peso e se torna fluente, natural, imbuído de uma qualidade zen que resulta em mais soluções, soluções novas, soluções melhores, mais fáceis e mais rápidas.

Os autores de *301 Ways to Have Fun at Work* [301 maneiras de divertir-se no trabalho] concordam com essa tese. Dave Hemsath e Leslie Yerkes escreveram: "Acreditamos que a alegria no trabalho seja o traço isolado mais importante de uma organização eficiente e bem-sucedida. Vislumbramos, no trabalho, um elo direto entre jovialidade e criatividade, produtividade, entusiasmo, satisfação e lealdade. A alegria também melhora os serviços prestados aos clientes e outros fatores que determinam o êxito de uma empresa."

O filósofo Alan Watts diz a mesma coisa: "Não façam distinção entre trabalho e alegria. Não pensem, nem por um instante, que precisam ser sérios a esse respeito."

O que se segue são algumas sugestões sobre como ajudar seus colegas a acreditarem em si mesmos e como criar um ambiente de trabalho que estimule esse tipo de confiança — sugestões, em suma, sobre como instigá-los a ter mais e melhores idéias.

Se alguma das sugestões não fizer sentido para você, ou não lhe convier, ponha-a de parte.

Seja o seu próprio tipo de ideísta, não o dos outros. Siga os seus instintos e os de ninguém mais.

Eis o motivo:

Primeiro, se você não se sentir bem fazendo alguma coisa — se não a achar fácil e natural —, provavelmente não a fará bem. E se não a fizer bem, ela sem dúvida não funcionará, não importa quão "certa" ela pareça.

Segundo, se você agir à maneira dos outros e tiver êxito, jamais saberá se conseguiria o mesmo resultado agindo a seu modo. E se falhar, também não saberá. É uma situação de "perder ou perder".

Por outro lado, quando você age a seu próprio modo e se sai bem, a situação é de "vencer ou vencer", pois terá a certeza de que foi por sua causa, e não dos outros, que ganhou ou perdeu.

PARTE III

DEZESSEIS COISAS PESSOAIS QUE VOCÊ PODE FAZER

I.
SIGA A REGRA DE OURO

Isso é mais que uma lição de moralidade ou um guia para alcançar o sucesso. É um princípio fundamental do ideísmo.

Todas as pessoas competentes com quem você trabalha sabem que podem fazer mais. Muito mais.

Com efeito, muitas pensam em dirigir a companhia ou pelo menos algum de seus departamentos, tal qual sucedia a você quando estava na posição delas.

Outras sonham ter idéias que revigorarão ou revolucionarão a empresa, tal qual sucedia a você quando estava na posição delas.

O modo como então você queria ser tratado é o modo como elas querem ser tratadas agora.

Você não queria ser tratado como serviçal ou subalterno, como alguém que não consegue pensar e tem de seguir ordens. Elas também não.

Ao contrário, desejava ser encarado como a pessoa que um dia viria a ser. Ansiava para que o seu chefe descobrisse todo o seu potencial.

Elas também. E, assim como você é tão bom quanto pensa ser, elas o são igualmente.

Ajude as pessoas com quem você trabalha a acreditar na própria grandeza. Do contrário, elas nunca serão grandes.

Em poucas palavras: se quiser que elas exibam uma criatividade explosiva e encarem o trabalho com entusiasmo, não as trate como criaturas apáticas, mas como seres humanos férteis em idéias.

"Quando tratamos um homem tal qual é", pontificou Goethe, "tornamo-lo pior do que era. Quando o tratamos como se já fosse o que potencialmente seria, tornamo-lo o que ele deveria ser."

2.
ZELE PELAS PESSOAS COM QUEM VOCÊ TRABALHA

Lembre-se: as pessoas com quem você trabalha não são operários, assistentes, estagiários, lacaios, robôs, criados, inferiores ou superiores. São gente. E se você pensar nelas como gente — seres humanos únicos, distintos, importantes —, elas o perceberão e retribuirão depositando confiança em você, ajudando-o, aceitando as suas sugestões, até mesmo perdoando os seus equívocos.

De fato, se as pessoas acreditarem que você está agindo no melhor interesse delas, elas apoiarão os seus atos, ainda que o que você faça acabe por não beneficiá-las.

Mas se, ao contrário, suspeitarem de que está contrariando o melhor interesse delas, não apoiarão seus atos, ainda que o que você faça redunde em seu proveito.

Nada disso pode ser simulado, salvo por um ator exímio, coisa que sem dúvida você não é. Tem de vir do coração. Você precisa zelar por elas como pessoas. Precisa amá-las. Se você não puder agir assim, renuncie ao projeto de ser um ideísta antes de gastar metade da vida lutando para, ao fim, ser derrotado.

Sem dúvida, muitos profissionais em cargos administrativos preferem permanecer indiferentes às suas "tropas", supondo que conhecê-las pessoalmente enfraquecerá sua autoridade e limitará sua capacidade de liderar.

Ora, ora!

Nada pode estar mais longe da verdade. Ninguém, a não ser os gansos, segue um desconhecido. E ninguém, nem mesmo um vadio, se sente inspirado pela indiferença. Quando as empresas dirigidas por estranhos chegam a ter sucesso, isso acontece a despeito deles e não em virtude deles.

Afinal, você gostaria de trabalhar com alguém que não lhe desse a mínima confiança?

Por que acha então que os outros gostariam?

Os ideístas escancaram portas e derrubam paredes. Preocupam-se com os colegas. E os colegas sabem que eles se preocupam porque eles se devotam.

Líderes inabordáveis, que se trancafiam em seus escritórios, que não convivem nem participam, que se protegem com o escudo da autoridade... não são de modo algum ideístas. Nem líderes vêm a ser. São diretores.

Um amigo meu, que trabalhava numa grande agência de publicidade em Nova York, contou-me a seguinte história:

"Tínhamos mais de cem redatores e diretores de arte no departamento de criação quando o diretor-executivo foi demitido. Muitos de nós, subdiretores, desejávamos o cargo — e muitos éramos qualificados. Os chefões, porém, saíram e contrataram uma mulher de uma agenciazinha da Califórnia. Naturalmente, todos embirramos com a intrusa. Mas ela logo nos cativou fazendo uma coisa simples: no seu primeiro dia de trabalho, mandou remover a porta de sua sala e levá-la para o porão."

Isso é que é derrubar paredes!

3.
LEMBRE-SE DE QUE ELAS TRABALHAM COM VOCÊ, NÃO PARA VOCÊ

Você precisa ideizar, não em virtude da força e do poder do seu cargo, mas do poder e da força do seu caráter, idéias, visão, desejo e entusiasmo.

As pessoas com quem você trabalha deverão *querer* ajudá-lo, não *ter* de ajudá-lo.

Há uma razão prática para isso: o trabalho gerado pela obrigação jamais apresenta o frescor e a espontaneidade do trabalho gerado pela vontade.

Decerto, os trabalhos forçados são um método excelente de quebrar pedras, mas raramente abrem caminhos. E o seu é um negócio onde se abrem caminhos, missão que exige o que só o desejo pode engendrar: frescor e espontaneidade.

4.
CERTIFIQUE-SE DE QUE ELAS O ESTIMAM

CERTIFIQUE-SE DE QUE ELAS O ESTIMAM

O velho dito segundo o qual pouco importa se as pessoas gostam de nós ou não constitui, no que nos diz respeito, uma dessas regras que podem ter funcionado nas antigas casernas, mas já não têm lugar nos negócios atuais.

É claro que você precisa conquistar o respeito de seus colegas de trabalho. Isso não se discute.

Não se iluda, porém: você está participando de um concurso de popularidade e não é nada agradável trabalhar com quem se detesta.

E quando as pessoas não se divertem, o trabalho se torna trabalho, pesado e sem inspiração.

Felizmente, é fácil perceber se as pessoas com quem trabalhamos gostam de nós: basta descobrir se gostamos delas.

Muitas vezes, na minha carreira, tive provas do poder da afeição pelo próximo.

Nas agências de publicidade, os grandes departamentos de criação são em geral constituídos por grupos de redatores e diretores de arte. Esses grupos são encabeçados por diretores de criação. Ao longo do ano, há intercâmbios entre os grupos, com o diretor de arte A passando do Grupo X para o Grupo Y e o redator transitando do Grupo C para o Grupo D, e assim por diante.

Em diversas ocasiões notei que, quando um redator, um diretor de arte ou um produtor mudava de um grupo liderado por um diretor de criação impopular para outro liderado por um diretor amistoso, começava a trabalhar melhor.

Não me venham então dizer que ser estimado é desnecessário. Eu sei que não é.

5.
ASSUMA A CULPA, ABRA MÃO DO ELOGIO

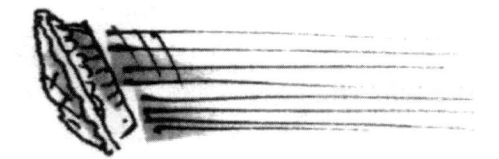

Na sua posição de ideísta, você será repreendido quando as coisas derem errado e elogiado quando as coisas derem certo.

Primeiro, assuma a culpa.

Talvez tenha sido mesmo culpa sua. Foi você quem passou o trabalho. Foi você quem contratou as pessoas que o executaram. Ajudou a adestrá-las. Contribuiu para estabelecer os sistemas e procedimentos que elas seguem. Criou, em grande parte, o ambiente em que elas atuam. Se não cumpriram bem a tarefa, a culpa é pelo menos tão sua quanto delas.

E, mesmo que você não tenha tido culpa, censurar os outros degrada a todos: você e as pessoas criticadas. Outra situação do tipo "perder ou perder".

Além disso, se você não aceitar a censura, será secretamente desprezado pelos que estão acima e abaixo de você, de modo que o melhor é conformar-se e tocar a vida para a frente.

Segundo, abra mão do elogio.

Se não fizer isso, será secretamente hostilizado por quem quer que haja colaborado com você no projeto.

Além de tudo, quanto mais repelir o elogio, mais as pessoas acreditarão que você está apenas sendo modesto; e quanto mais o aceitar, mais elas acharão que está se mostrando invejoso e egoísta.

Ouçam isto:

Em 1901, a Sra. Anna Edson Taylor foi a primeira pessoa a descer as cataratas do Niágara num barril e a sobreviver para contar a história.

E contou.

Contou em chás, almoços e jantares, em clubes de bridge e encontros de vizinhos, em comícios políticos e reuniões de negócios ou assembléias sindicais. Contou para colunistas de jornal e editores de revistas. Onde havia um caixote à mão, a Sra. Taylor subia nele e começava a contar a sua perigosa jornada nas cataratas.

Por fim, o bom e velho *Denver Republican* se cansou. "Quer nos parecer", comentou em editorial, "que a Sra. Taylor está se apossando de grande parte do crédito que, com justiça, pertence ao barril."

Você tem um barril. Nunca se esqueça de mencioná-lo.

6.
CONTRATE APENAS PESSOAS QUE VOCÊ GOSTA

Não importa o que os currículos delas digam; não importa quantos diplomas, honrarias e prêmios tenham recebido; não importa quem sejam os pais, professores, mentores delas; não importa quais possam ser a educação, a experiência profissional, os contatos, os sócios delas; não importa que o trabalho anterior tenha sido excelente; não importa quanto saibam, quão bem conversem, escrevam, se apresentem ou se comportam; não importa quão brilhantes sejam suas realizações e referências; não importa que pareçam enquadrar-se perfeitamente no trabalho que você tem a oferecer; não importa que escola freqüentaram, o que fizeram, quem conheceram, onde trabalharam, com quem trabalharam ou em que trabalharam — se você não gostar delas, se não se sentir à vontade na sua presença, se não achar que conseguirá atravessar o país na sua companhia num fusca, não contrate essas pessoas.

Se o fizer, acabará tendo problemas. Com toda a certeza.

Não será divertido, nem para você nem para ninguém, trabalhar com elas. Elas nada acrescentarão à camaradagem necessária quando pessoas lidam de perto com coisas tão frágeis quanto as idéias.

Ao contrário, elas envenenarão por fim o que de mais importante você pode criar para disseminar idéias: o ambiente da sua empresa.

Não quer isso dizer que toda pessoa de quem você gostar vai se sair bem. É claro que não. Quer dizer apenas que toda pessoa de quem você não gostar vai se sair mal. Fatalmente.

Depois de encontrar a pessoa de quem goste, que mais terá de exigir?

Procure gente curiosa, interessada em toda espécie de coisas, em todos os assuntos.

Procure pessoas que consigam entender-se com os colegas. Lembre-se de que, em toda atividade de grupo, a química é mais importante que o talento. Por isso, faça com que outros funcionários entrevistem também os candidatos (ou pelo menos conversem com eles). Se algum não gostar do que viu e ouviu, cuidado.

Procure pessoas otimistas, que gostem de rir e brincar, que exibam senso de humor. "Pessoas caturras têm idéias acanhadas", escreveu Paul Valéry. "Quem tem boas idéias nunca é sério."

Procure o fogo. Procure o orgulho. Procure o desejo de deixar uma marca. Procure a disposição de dar para receber.

Procure pessoas que quebrem regras, pessoas que o assustem com a audácia e a originalidade de suas idéias.

Procure a sensação de incômodo com as coisas tais quais são e a ânsia, ou mesmo a compulsão, de mudá-las — pois nem a sua empresa nem o mundo são modificados por quem está satisfeito com o status quo.

Pessoas que aceitam em vez de questionar, que atenuam em vez de agravar raramente operam rupturas criativas: apenas seguem e imitam.

Ora, o nosso trabalho consiste em restaurar nas pessoas a crença na sua própria orientação e criatividade, para ter assim gente que a si mesma se conduza.

7.
CONFIE NELAS

"Confie nas pessoas e elas serão leais a você", escreveu Emerson. "Confie nelas com grandeza e elas se mostrarão grandes."

Duvide dos homens e eles começarão a duvidar de si próprios. E nada fomenta mais o fracasso que a dúvida.

De fato, quando perceberem que você os acha capazes de executar uma tarefa para a qual eles mesmos se julgam ineptos, será bom que passem a pensar o contrário. Isso fortalecerá a sua auto-imagem; e, daí por diante, atuarão num nível superior, novo.

Não quer dizer, é óbvio, que você deva confiar-lhes um trabalho e afastar-se. Terá de monitorar o progresso deles regularmente.

No entanto, deixe claro também que o trabalho é deles, não seu, e que você acha que eles são capazes de realizá-lo.

8. RECONHEÇA O ESFORÇO DELAS

RECONHEÇO O ESFORÇO DELAS 51

"O reconhecimento é para o talento", escreveu Baltazar Graciano em 1653, "o que o vento oeste é para as flores: vida e ar."

"Estou para conhecer um homem", disse Charles Schwab, "que, não importa quão elevada seja a sua posição, não trabalhe melhor e se esforce mais num clima de aprovação do que num clima de censura."

"Um grande treinador", observou Reggie Jackson, "tem o dom de convencer os jogadores de que são melhores do que supõem. Força-os a ter uma opinião mais favorável de si mesmos. Declara que confia neles. E, quando eles reconhecem que são bons de fato, não se contentam em jogar a não ser o seu melhor jogo."

"Uma coisa que os cientistas descobriram", escreveu Thomas Dreier, "é que as crianças elogiadas com freqüência tornam-se mais inteligentes que as criticadas. Há um elemento criativo no elogio."

Todas essas pessoas, e milhares como elas, reconheceram a mesma verdade: os elogios aperfeiçoam.

Entretanto, alguns líderes acham que o elogio deve ser parcimonioso e ocasional, feito apenas quando for grande o merecimento. Segundo eles, o excesso de elogios diminui a sua eficácia, cada prêmio desvaloriza o seguinte, os chefes devem ser difíceis de contentar e avaros nos cumprimentos.

Pois sim!

Esse tipo de atitude jamais formará pessoas capazes de ter idéias.

Quando o elogio é explícito, você nunca consegue elogiar o bastante. É impossível. A fome que a maioria das pessoas tem de elogios sinceros e honestos é insaciável.

Você já se cansou de ser cumprimentado? Por que acha então que os outros se cansam?

O excesso de elogios também não diminui a sua eficácia. As pessoas querem acreditar em si mesmas. Os elogios reforçam essa disposição. Talvez os seus colegas deixem algum dia de precisar de apoio. Mas até lá, não se descuide.

Do mesmo modo, o elogio dos que elogiam pouco não é mais benéfico do que o elogio dos que elogiam muito.

Sem dúvida, o elogio difícil de arrancar tem mais impacto que o elogio fácil demais. No entanto, o elogio avaro tem ainda maior impacto, pois é sempre prejudicial, quando não desastroso. Leva-nos a pensar que o nosso emprego é banal, que o nosso trabalho não tem importância, que o que produzimos é desnecessário. Faz-nos sentir desvalorizados e desprestigiados. Provoca raiva e ressentimento.

Pior: diminui a auto-estima.

Em suma, a tarefa primordial do ideísta é fazer as pessoas acreditarem em si mesmas. Aquele que raramente elogia faz as pessoas duvidarem de si mesmas.

Não estamos sugerindo que você saia por aí distribuindo cumprimentos a torto e a direito; queremos apenas que não os economize.

Além disso, descubra um modo de elogiar com freqüência — todos os dias não é muito, por sinal.

Não é muito, sem dúvida, para John Ball, diretor de treinamento da American Honda Motor Company. Diariamente, afirma ele, tenta "lembrar-se de que ... as pessoas necessitam mesmo de elogios e cumprimentos pelo seu trabalho cotidiano. Levanto-me da cadeira, desligo o computador e vou até elas para ver o que estão fazendo, perguntar-lhes sobre os problemas que enfrentam, descobrir se precisam de ajuda extra, ajudá-las se possível e, principalmente, dizer-lhes com toda a honestidade que o que fazem é muito importante para mim, para a companhia e para os nossos consumidores".

9.
DÊ-LHES A LIBERDADE DE ERRAR

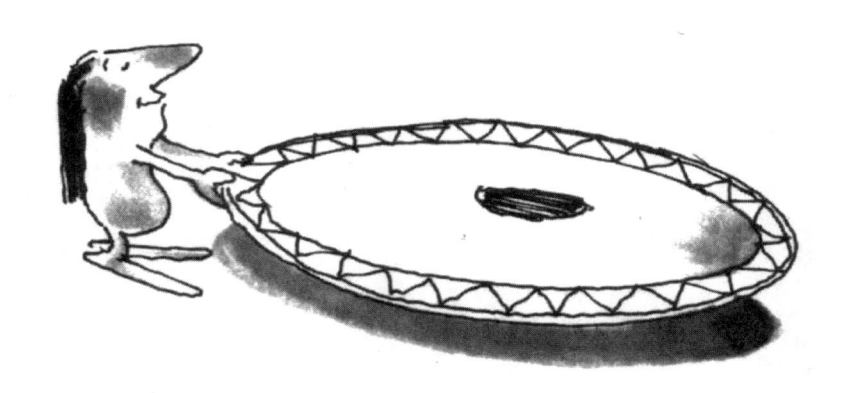

Não é preciso ser gênio para elogiar pessoas que fazem um excelente trabalho. Nisso, até os líderes mais modestos são hábeis o bastante.

O ideísta procura meios de elogiá-las quando erram, porque é nesse momento que elas se mostram mais vulneráveis, com a autoimagem abalada.

Lembre-se: uma das razões pelas quais os bons funcionários são bons é o fato de acreditarem em si mesmos e em suas idéias, aproveitarem as oportunidades, saltarem barreiras. Critique-as ou não faça comentários sobre suas lucubrações e elas começarão a falhar.

Quando se mostrarem muito ousadas, gabe-lhes o esforço, a coragem de fazer algo que os outros jamais tentaram, quer tenham êxito ou não.

Bem sei que esse conselho bate de frente com o velho dito empresarial: "Nunca confunda esforços com resultados."

Ora, resultados raramente aparecem sem esforços. E a minha experiência com pessoas criativas convenceu-me de que, se não reconhecemos nem elogiamos o esforço, esse logo fenece como uma planta sem água.

10. AJUDE-AS A ALCANÇAR OS OBJETIVOS

AJUDE-AS A ALCANÇAR OS OBJETIVOS

*N*apoleão, diz-se, nunca ordenava a seus homens que vencessem uma batalha. Isso era o que *ele* queria. Em vez da vitória, prometia-lhes comida quando tivessem fome, licença quando se sentissem saudosos de casa, reconhecimento quando se julgassem esquecidos, repouso quando estivessem cansados, abrigo quando tiritassem de frio.

Do mesmo modo, você não deve alardear objetivos empresariais. "Seremos uma das maiores agências da cidade" talvez seja o que você quer; mas "vocês ficarão ricos e famosos" talvez seja o que eles queiram.

Pelo menos uma vez por ano, sente-se com os colegas e descubra se eles precisam de alguma coisa. Em seguida, ajude-os a satisfazer suas necessidades, a concretizar seus objetivos e aspirações.

Lembro-me de que, certa feita, fiquei perplexo durante uma dessas reuniões, ao saber o que uma de nossas diretoras de arte queria. O que ela queria acima de tudo — mais que um aumento, mais que um título, mais que um negócio próprio, mais que novas responsabilidades, autoridade, reconhecimento, tarefas significativas ou período maior de lazer — era a certeza de que, quando seu carro quebrasse, alguém logo apareceria para consertá-lo gratuita e rapidamente.

Procuramos um mecânico local, que ficaria à disposição vinte e quatro horas por dia, sempre com um carro alugado de reserva.

Isso custou menos à companhia que a concessão de um aumento. E ela ficou mais contente do que se esse aumento lhe tivesse sido dado!

II.
NUNCA MINTA EM ASSUNTOS IMPORTANTES

Todo mundo mente. E algumas mentiras — "Não, não me importo", "Sim, li *Moby Dick*", "Esta noite não, lamento, estaremos ocupados" — são inofensivas.

Mas uma mentira em assuntos importantes — que envolva pessoas, trabalho, acontecimentos ou família — é como uma barata: quando se vê uma, suspeitam-se mil.

Se as pessoas com quem você trabalha acharem que você mente em assuntos que consideram importantes, nunca mais lhe darão crédito.

E, a menos que lhe dêem crédito, não lhe entregarão seus corações.

Ora, se você não tiver os seus corações, não conseguirá ideizá-las.

Lembro-me de um diretor de criação, para quem trabalhei, que sempre mentia quando tínhamos um anúncio a apresentar ao cliente. Certa vez, um diretor de arte e eu labutamos todo o fim de semana no escritório, preparando uma campanha que, segundo ele, teria de estar pronta na terça-feira. Na segunda-feira, porém, ficamos sabendo que a tal terça-feira era a da semana seguinte.

Nem é preciso dizer, não lhe confiamos nossos corações.

12.
MOSTRE UM POUCO DE ENTUSIASMO

Você gosta de trabalhar com alguém que reage espontaneamente, fervilha de idéias, tem prazer no que faz. Seus colegas também gostam.

O entusiasmo, talvez mais que qualquer outra emoção, é contagioso; a luz que você irradia ilumina os outros, o fogo que você acende aquece-os. Sem isso, a monotonia reina.

Os ideístas entusiasmados também criam um clima que faz todas as coisas parecerem possíveis. Dificuldades, objeções, barreiras, antigos fracassos, pouco dinheiro, regulamentos, derrotismo, negativismo — tudo isso o entusiasmo varre.

E, quando todas as coisas parecem possíveis, tornam-se possíveis.

Por isso disse Emerson: "Nada de grande jamais se fez sem entusiasmo."

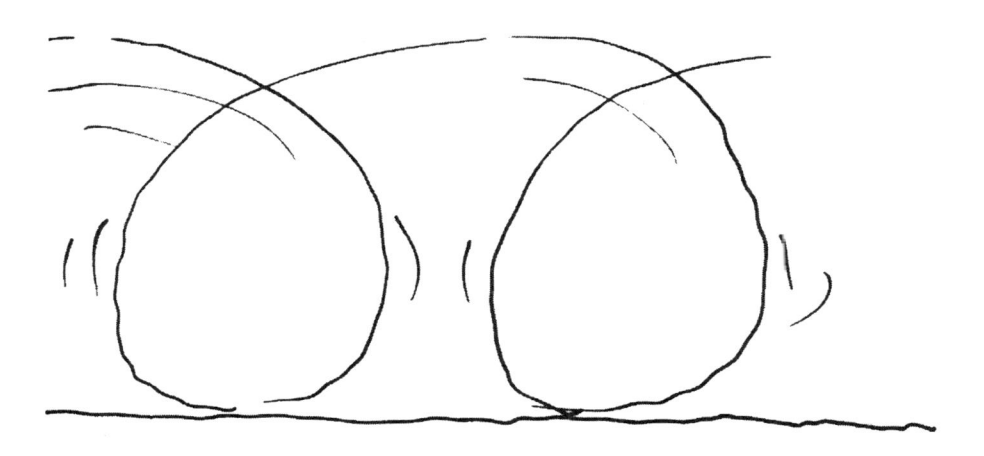

13. PEÇA AJUDA

Pedir ajuda é um meio seguro de fazer amigos, tanto quanto emprestar dinheiro é um meio infalível de perdê-los.

E é bem mais divertido trabalhar com amigos do que com estranhos.

Igualmente importante, você cumprimenta as pessoas, como John O'Toole cumprimentava Glenn (veja a p. 23), quando solicita a sua ajuda. Você lhes diz que valoriza os julgamentos e opiniões delas.

Mais: ajuda-as a elevar a auto-estima, pois lhes declara que as considera capazes de tomar as decisões, executar as tarefas e resolver os problemas que o seu trabalho exige.

Sem dúvida, ao pedir ajuda, deverá aceitar as sugestões delas ou informá-las dos motivos pelos quais as rejeita. Não fazer nenhuma dessas duas coisas esvazia por completo o propósito do pedido de auxílio.

14.
ELIMINE A PALAVRA "EU"

"Eu" é uma palavra que divide. Divide as pessoas em dois grupos: você e o resto. Mas um ideísta deve reunir, não dispersar. Se uma nação não consegue sobreviver à divisão, por que uma empresa sobreviveria?

"Eu" também não é a palavra certa a empregar quando você reivindica o crédito por uma idéia. Ray Bradbury disse-me uma vez que nunca sabe quando algo que leu há vinte anos irá "colidir" com algo que leu ontem a fim de produzir uma nova idéia para um romance ou conto.

Do mesmo modo, você nunca sabe quem plantou a semente da idéia que brotou no seu espírito. Não terá sido uma observação casual de seu cônjuge? Um cartaz que viu a caminho do escritório? Um comentário feito numa reunião? O rosto de uma pessoa? Uma recordação de infância? Um filme? Uma música? Um poema? Você deve a milhões por cada idéia, por cada solução, por cada sugestão.

Adote, de preferência, a palavra "nós". É mais solidária e acurada. Faz com que seja mais divertido trabalhar com você, pois há alegria em conviver com quem nos dá crédito e em nos sentirmos responsáveis pelo sucesso de uma empresa.

15.
FAÇA-SE DE BOBO

Faça perguntas idiotas. Diga asneiras. Seja pateta. Seja absurdo. Seja ilógico. Seja inexeqüível. Defenda posições insustentáveis. Desafie dogmas. Quebre regras. Aja como uma criança. Brinque. Arrisque-se. Cometa equívocos.

Se as pessoas com quem você trabalha o virem fazendo essas coisas, não temerão fazê-las também.

Ora, se não as fizerem, nunca terão as idéias de que são capazes de ter.

16.
DIVIRTA-SE

Solte-se. Relaxe. Sorria. Ria. Divirta-se.

Se você não estiver alegre, dificilmente seus colegas estarão.

E, a menos que estejam alegres, nunca terão as idéias de que são capazes de ter.

PARTE IV

SETE COISAS ORGANIZACIONAIS QUE VOCÊ PODE FAZER

1.
ELIMINE A NECESSIDADE DE APROVAÇÃO

Sempre que alguém precisa da aprovação de outros, surge uma hierarquia. Nenhuma empresa consegue sobreviver sem hierarquias, supervisões e balanços, dirigentes e subalternos.

Mas, quanto mais você multiplicar esses elementos, mais a sua empresa se dividirá em dois campos: eles e nós, os de dentro e os de fora, os favorecidos e os desfavorecidos.

Elimine ao máximo essas instâncias de aprovação.

Comece pelas humilhantes, pelas que exigem das pessoas pedir licença para gastar o dinheiro da firma — verbas de viagem, relatórios de despesas, autorização para horas extras, etc.

Toda vez que alguém precisa de uma aprovação dessas, sua auto-imagem é arranhada, pois então fica claro para todos que quem a concede é mais responsável e mais confiável do que quem a solicita.

Isso, já se vê, é uma postura elitista.

O fato de uma pessoa ter mais autoridade não significa que seja mais responsável. Poderíamos até formular um argumento contrário: quanto mais responsabilidade tem a pessoa, com menos responsabilidade se comporta ("O poder corrompe, o poder absoluto ...").

Uma vez que trata uns como empregados e outros como empregadores, essa política vai perpetuando o mito de que certas pessoas são empregadas e outras empregadoras. Na verdade, nenhuma delas (a menos que seja dona da companhia) é uma coisa ou outra: juntas, elas *são* a companhia.

Você deve fazer o máximo a seu alcance para garantir que todos — diretores, recepcionistas, todos — sintam que *são* a companhia. Não empregados da companhia. A própria companhia.

Exigir que peçam licença para gastar o que é, afinal de contas, o seu próprio dinheiro dificilmente alimenta esse sentimento. Ao contrário, elimina-o.

A propósito, esse não é um esquema ingênuo que acabará por destruir a sua empresa. É um meio prático de gerenciar negócios. Tenho-o visto funcionar. Dirigi (opa, *ideizei!*) um departamento criativo muito bem-sucedido durante mais de quinze anos, baseado ao menos em parte na crença de que o modo de tornar as pessoas confiáveis é confiar nelas.

Nesse tempo todo, *nunca examinei um relatório de despesas.*

Eu disse aos funcionários que obrigá-los a pedir aprovação aborrecia-me porque insultava a honestidade deles. Garanti-lhes que, a meu ver, eles não iriam espoliar-me e simplesmente assinava os relatórios sem olhá-los.

Sem dúvida, algumas pessoas se aproveitaram de mim. Mas nossas perdas em dinheiro nada eram se comparadas ao seu ganho em auto-estima e melhor trabalho daí resultante.

2. TRANSFORME TODOS EM PROPRIETÁRIOS

TRANSFORME TODOS EM PROPRIETÁRIOS

A melhor maneira de fazer com que seus funcionários se sintam donos da empresa é transformá-los em donos da empresa.

Afinal, na maioria das vezes, são os donos que dirigem as companhias. Assim, descubra uma forma de fazer de quem ali se encontre há pelo menos oito meses um proprietário. Desse modo, você terá uma empresa que se dirige sozinha.

Sem dúvida, isso lhe será possível. Centenas de companhias já o fazem. Você também poderá.

3.
DÊ-LHES O QUE ELES PRECISAM

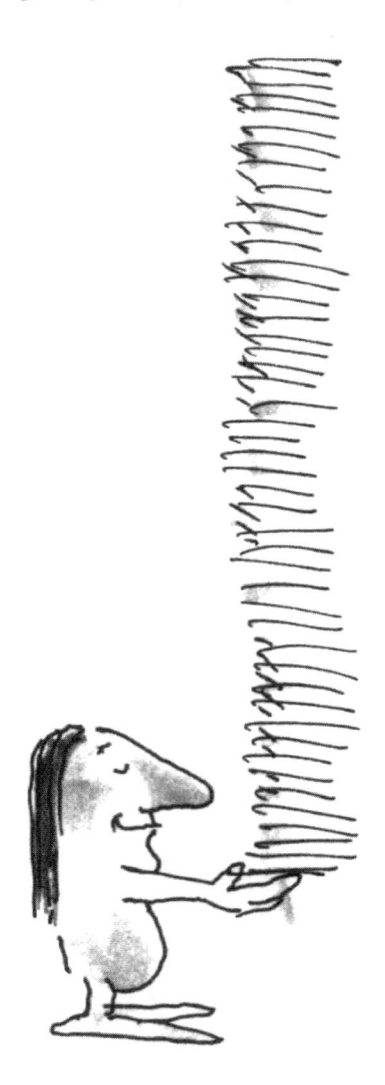

As pessoas não tiram suas idéias do nada. Elas agem como os cozinheiros, que preparam receitas inéditas com ingredientes que já conhecem, combinando-os de uma maneira nova.

Quanto mais ingredientes estiverem à disposição deles, mais oportunidades terão de criar algo especial.

As pessoas com quem você trabalha levaram anos acumulando boa parte dos ingredientes de que necessitam: o conhecimento amplo e geral da vida, dos seres humanos e dos fatos.

Dê-lhes os outros ingredientes: o conhecimento específico de produtos, consumidores e concorrência.

Dê-lhes tudo o que você tem. E qualquer outra coisa de que precisarem.

Quando eu ideizava um departamento de criação, insistia em que cada redator e diretor de arte fosse convidado para as reuniões que tratassem de assuntos referentes às contas pelas quais eram responsáveis. Uma agência de publicidade é uma reunião em curso, e eu sabia que eles só poderiam comparecer às que versassem sobre trabalho criativo. Assim, eu dava a entender a todos que a informação é o combustível das idéias.

4.
MANTENHA
O PEQUENO PORTE

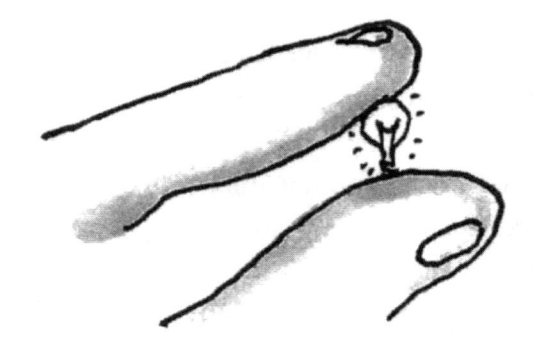

MANTENHA O PEQUENO PORTE

Eu aprendi que, quando uma companhia tem vinte e cinco ou trinta funcionários, todos parecem envolver-se com todos e ajudar-se uns aos outros. Se ela cresce, as pessoas tendem a isolar-se e a tornar-se estranhas.

O fundador da St. Luke's ("A Agência de Publicidade para Acabar com Todas as Agências de Publicidade"), Andy Law, concorda: "Descobrimos", escreve ele, "que um grupo de trinta e cinco pessoas é o máximo que você pode ter antes de começar a não se preocupar com elas."

Sua tarefa como ideísta é manter as pessoas preocupadas umas com as outras, unidas num senso de camaradagem que, principalmente, incentiva o crescimento.

Uma das maneiras de fazer isso é organizar a companhia para que ela se torne, não uma companhia grande e povoada de criaturas estranhas, mas uma grande companhia constituída por companhias pequenas.

Isso significa, obviamente, consignar mais autoridade e responsabilidade a um número maior de funcionários.

Quanto mais você fizer isso, mais fortalecerá a auto-imagem deles.

5.
CONTE A ELES TUDO SOBRE A EMPRESA

Se você quiser que as pessoas venham à sua presença com idéias exeqüíveis, elas terão (a) de conhecer os problemas que as idéias se propõem solucionar ou as oportunidades que as idéias deverão aproveitar; e (b) de obter a informação necessária para resolver os problemas ou tirar partido das oportunidades.

Portanto, não deixe nada escondido, nada para conhecimento apenas dos altos executivos.

Abra os livros a todos. Ponha-os a par das negociações e das possíveis fusões. Conte-lhes as queixas dos clientes ou consumidores.

Atualize-os todas as segundas-feiras de manhã sobre a situação da empresa. Responda às perguntas deles com franqueza e honestidade.

Diga-lhes tudo. Afinal de contas, eles *são* a companhia. Eles têm o direito de saber.

6. REDUZA O NÚMERO DE REGRAS

REDUZA AS REGRAS

Muitos dos grandes avanços nas ciências e artes — em tudo, na verdade — aconteceram porque alguém rompeu as regras e convenções, implantando novas maneiras de pensar e produzir. Van Gogh e Picasso, Eero Saarinen e Charles Eames, Frank Lloyd Wright e Antoni Gaudí, Beethoven e Stravinski, Pasteur e Freud, Dick Fosbury e Pete Gogolak, Gerard Manley Hopkins e e. e. cummings, Kepler e Einstein — a lista formaria um livro.

As pessoas criativas sabem disto: que uma das melhores maneiras de ter idéias é quebrar as regras. Por isso, odeiam regras e insurgem-se contra elas.

Assim, estabeleça o mínimo de regras possível.

Deixe que as pessoas se vistam como quiserem, trabalhem quantas horas desejarem, decorem seus escritórios como lhes apetecer. Se resolverem trabalhar na praia por uma semana ou jogar uma "pelada" à tarde no estacionamento, que o façam.

Se a sua maneira de agir não magoar, inibir ou ofender os outros, qual o problema?

Além do mais, quem é *você* para impor normas a *elas*?

A empresa não é só sua. É sua e *delas*. Juntos, vocês *são* a empresa. E juntos deverão estabelecer as regras de que necessitarem, se necessitarem de alguma.

Esteja certo disto: vocês irão necessitar de um número bem menor de regras do que supunham.

7.
FINANCIE A EDUCAÇÃO DELES

FINANCIE A EDUCAÇÃO DELES

Time Warner, General Electric, Chick-Fil-A Foods, Johnsonville Foods, Foote, Cone & Belding, Burger King, Cumberland Farms, Mary Kay Cosmetics — essas são apenas algumas companhias, pequenas e grandes, que financiam a educação de seus empregados, *quer ela se relacione com seus empregos, quer não.*

Junte-se ao grupo.

Essa política ajudará as pessoas com quem você trabalha a acumular mais elementos, mais ingredientes para suas fábricas de idéias.

Além de tudo, passar-lhes-á a clara mensagem de que você deseja não apenas que façam um bom trabalho, mas se enriqueçam como pessoas.

PARTE V
DEZOITO COISAS ESTRATÉGICAS QUE VOCÊ PODE FAZER

I.
NÃO PEÇA UMA SOLUÇÃO — PEÇA VÁRIAS

Muitas pessoas foram educadas em questões de múltipla escolha ou do tipo verdadeiro-ou-falso — questões que só têm uma resposta certa.

Assim, é muito natural que, quando você lhes dá um problema, comecem a procurar a resposta certa, a única solução correta possível.

Entretanto, muitos problemas nos negócios não têm só uma resposta certa. Têm várias. E, perseguindo a única solução correta, as pessoas quase sempre rejeitam as soluções boas e sólidas, soluções que podem funcionar, soluções capazes de inspirar outras ainda melhores.

Faça, pois, com que seus colegas de trabalho saibam que você deseja examinar muitas idéias, não uma apenas.

De outro modo, talvez você nunca chegue a conhecer a melhor idéia que tiveram.

2.
FAÇA O TRABALHO DELES PARECER MAIS FÁCIL

Se você fizer a tarefa confiada às pessoas parecer difícil, elas a considerarão difícil. E se a considerarem difícil, será difícil mesmo.

Mas se a acharem fácil, será fácil.

"Imagine sempre que o trabalho por fazer é simples e ele o será", disse Émile Coué.

Uma das maneiras de chegar a isso é convencer as pessoas, de uma vez por todas, de que para cada problema existem inúmeras soluções, inúmeras respostas, inúmeras idéias. A grande resposta, a grande solução, a grande idéia estão por aí, à espera de quem as apanhar.

Muitos profissionais experientes e proficientes dos departamentos de criação sabem disso. Por isso, raramente esperam por uma nova tarefa.

Mas seus colegas de trabalho mais jovens e menos confiantes talvez não o saibam.

Portanto, em vez de dizer:

"Não sei se este problema tem solução, mas mesmo assim dê uma olhada nele, está bem?"

Diga:

"Acho que este problema tem diversas soluções. Estou certo de que você encontrará algumas muito boas."

3. NÃO REJEITE IDÉIAS — PEÇA MAIS

Eis o que o meu primeiro patrão, Bud Boyd, costumava fazer.

Eu lhe apresentava um esboço de anúncio para, suponhamos, um banco e ele dizia:

"Bom, bom. Vamos pregá-lo aqui na parede. Mas agora veja se consegue criar algo com um pouco mais de impacto, algo que salte da página."

Eu saía então e produzia um anúncio mais simples, mais ousado e mais vigoroso. E ele:

"Ótimo. Vamos pregá-lo ao lado do primeiro. Agora, traga-me algo que nos garanta um prêmio."

Quando eu voltava com uma peça que, a meu ver, mereceria um prêmio, Bud insistia:

"Muito bom. Mas finja que está procurando emprego em outra agência de publicidade e que o diretor de criação queira ver apenas um anúncio — o melhor que você jamais escreveu. Pois dê-me esse anúncio."

A lição que Bud me ensinou foi bastante simples: há sempre um modo melhor. Sempre.

Talvez Lincoln Steffens tenha dito isso com mais talento. Em 1931, ele escrevia:

"Nada foi feito. Tudo no mundo está por fazer ou refazer. O grande quadro ainda não foi pintado, a grande peça ainda não foi escrita, o grande poema ainda não foi composto."

Tantas décadas depois, ele continua com a razão: há sempre uma idéia melhor. Sempre.

Desse modo, se você não ficar satisfeito com as idéias que seus colegas lhe apresentarem, não diga:

"São fracas. Não gosto de nenhuma delas."

Isso só fará com que eles desconfiem da própria capacidade. Diga antes:

"Está bem, vamos guardar essas. E agora, que mais podemos produzir?"

Como sempre existe uma idéia melhor, eles sem dúvida voltarão com ela.

4.
DÊ-LHES MAIS DE UM PROBLEMA POR VEZ

Uma das melhores maneiras de ter uma idéia é empenhar nela o inconsciente.

Os homens de criação das agências de publicidade fazem isso o tempo todo. Se estão encontrando dificuldade para criar um comercial de automóvel para a televisão, por exemplo, que terão de apresentar somente na semana que vem, mudam de rumo e passam a trabalhar num anúncio de restaurante para jornal ou num cartaz de cerveja.

Einstein fazia o mesmo. Como também Helmholtz, Bertrand Russell, Carl Sagan, Isaac Asimov, Thomas Wolfe, Rollo May, A. E. Housman e praticamente todos quantos escreveram a respeito da geração de idéias.

Assim, se os seus colegas não estiverem conseguindo boas soluções para um problema, diga-lhes que o esqueçam e passem a trabalhar com outra coisa.

Quando, mais tarde, voltarem ao problema, portas antes fechadas se abrirão, barreiras cairão, caminhos que não existiam aparecerão de repente. Eles descobrirão novas relações, conexões e possibilidades, ficando cheios de esperança.

Isso se dá porque, no dizer de Michael Guillen, especialista em ciência do *CBS Morning News*, "a mente humana pode ser induzida a elaborar pensamentos que, em aparência, surgem do nada ... Carl Friedrich Gauss lembrava-se de ter tentado durante anos, sem sucesso, demonstrar certo teorema de aritmética; de repente, depois de alguns dias sem pensar no assunto, veio-lhe a solução como 'num relâmpago'. Henri Poincaré também se esforçou inutilmente durante meses num problema. Então, um belo dia, enquanto conversava com um amigo sobre um assunto muito diferente, 'a idéia veio a mim sem que nada em meus antigos pensamentos aparentemente lhe preparasse o caminho'."

Mas lembre-se: seus colegas não poderão trabalhar em nada mais se não tiverem algo mais em que trabalhar.

Dê-lhes, pois, tarefas.

5. SOLICITE MAIS IDÉIAS — E MAIS RÁPIDO

Se você pedir a seus colegas que lhe tragam três idéias na semana seguinte, eles aparecerão na semana seguinte com três idéias.

Mas se você solicitar que lhe tragam dez idéias no fim do dia, no fim do dia aparecerão com dez idéias.

Muitas vezes, essas dez idéias incluirão as três que gastariam uma semana inteira elaborando. Além de algumas outras que poderiam ter descartado, idéias que talvez funcionem melhor que as outras.

Levante, pois, a barreira. Eles acharão um meio de saltá-la.

Mais que isso; descobrirão a magia do efeito bola de neve da ação: ação gera ação, idéia gera idéia.

Desse modo, antes mesmo que você se aperceba, eles mesmos estarão levantando a barreira.

6.
SE A COISA NÃO FUNCIONAR, MODIFIQUE-A

A química é um mistério.

Os opostos se atraem. E se repelem. Às vezes, bons amigos trabalham bem juntos. Outras vezes, não.

Você nunca sabe, quando monta uma equipe, se ela irá consolidar-se e tornar-se melhor que suas partes, ou se separará e ficará menor que elas.

No entanto, se algo não funcionar, não agrave o erro deixando-o como está. Modifique-o.

Assim como sempre existe uma idéia melhor, também existe uma equipe mais eficiente.

7.
PERMITA QUE ELES SEJAM SOLISTAS

Você nunca descobrirá se os seus colegas são capazes de gerar idéias se nunca lhes permitir gerá-las. Dê-lhes, pois, uma chance.

Encarregue-os de trazer-lhe a solução para algum problema e observe como agem. Atribua-lhes uma responsabilidade e veja como se saem.

Sua confiança neles fará com que confiem em si mesmos.

Eis por que tantas pessoas (como Harry S. Truman e Vince Lombardi) metem os pés pelas mãos quando, forçados pelas circunstâncias, assumem cargos de que ninguém os julga capazes.

Não espere pelas circunstâncias. Deixe que seus colegas se tornem solistas antes de serem forçados a isso.

Ouça esta história:

Sempre achei que os profissionais encarregados de criar anúncios ou comerciais deveriam apresentá-los aos clientes, se o quisessem.

Assim, quando Adam Kaufman, que era apenas um office-boy na ocasião, apareceu com uma série de maravilhosos comerciais de rádio para a Denny's, perguntei-lhe se gostaria de mostrar suas idéias a Barry Krantz, diretor de marketing da Denny's.

"Mas é claro!", exclamou ele. E lá se foi.

No dia seguinte, Barry me ligou e disse: "Gosto do jeito como você dirige. Você confia seu negócio aos jovens, dá-lhes um empurrãozinho, uma chance. Adam é um rapaz brilhante. Saiu-se muito bem."

Sem dúvida, ele poderia ter sido um fracasso. Ou um desastre.

Mas, se você quiser que as pessoas continuem a acreditar na sua própria orientação, terá de arriscar-se de vez em quando.

Quando a coisa funciona, você não apenas *melhora* a auto-imagem delas como ganha elogios *para si mesmo*.

8.
DEIXE QUE AJAM A SEU PRÓPRIO MODO

MÃO ÚNICA

Quando você entra num táxi, diz ao motorista aonde quer ir, e não como chegar lá. Do mesmo modo, os ideístas têm de dar o endereço, não a rota.

Quando você está doente, diz ao médico o que sente, não o remédio ou o tratamento de que precisa. Do mesmo modo, os ideístas têm de determinar o problema, não a solução.

Você deve dar às pessoas com quem trabalha liberdade de assumir riscos, de seguir a própria intuição, de desenvolver as próprias idéias, de explorar caminhos que talvez não apareçam no mapa que tem em mente, de chegar a soluções nas quais talvez não tenha cogitado.

"Faça-o à minha maneira" são palavras de déspota. Elas solapam a autoconfiança, limitam a visão, coagem o potencial.

"Encontre uma maneira nova" são palavras de ideísta. Elas restauram a autoconfiança, expandem a visão, liberam o potencial.

9. CERTIFIQUE-SE DE QUE O PROBLEMA É O PROBLEMA

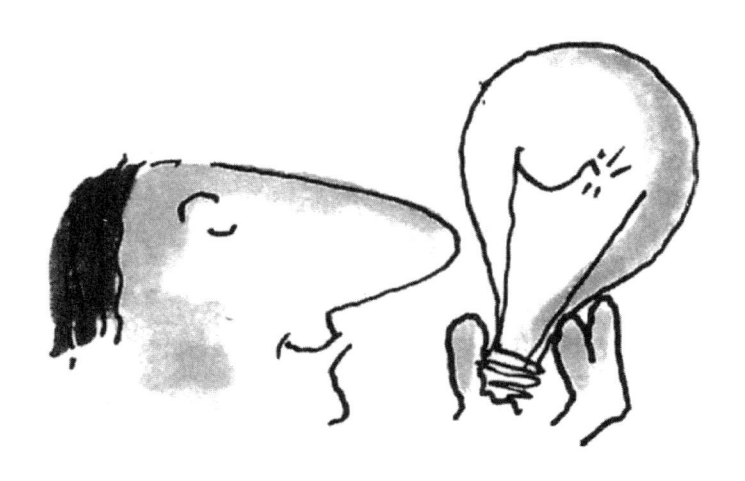

Einstein disse: "A elaboração do problema muitas vezes é mais importante do que sua solução, a qual pode depender apenas da matemática ou da habilidade experimental. Levantar novas questões e novos problemas, observar os problemas antigos de um ângulo diferente exige imaginação criadora e gera o verdadeiro progresso."

Durante anos, os donos de mercearia pegaram os produtos para seus fregueses e viviam se perguntando: "O que fazer para pegar mais depressa os produtos para meus fregueses?" Então alguém inventou o supermercado mudando simplesmente a pergunta: "Que fazer para meus fregueses pegarem os produtos para mim?"

Henry Ford, ao que se conta, agiu da mesma maneira. Inventou a linha de montagem deixando de perguntar: "Como levar os operários até o trabalho?" e perguntando: "Como levar o trabalho até os operários?"

Edward Jenner descobriu a vacina para a varíola alterando também a pergunta. De: "Por que as pessoas contraem varíola?" para: "Por que as ordenhadoras de vacas *não* contraem varíola?"

Se os seus colegas de trabalho estão encontrando dificuldade para descobrir respostas vigorosas para um problema, talvez você lhes tenha feito a pergunta errada e apresentado o problema errado.

Então, mude a pergunta.

Se perguntou: "Como ganharemos mais dinheiro?", tente perguntar: "Como gastaremos menos dinheiro?"

Se perguntou: "Por que as pessoas não estão comprando os nossos produtos?", tente perguntar: "Por que as pessoas que compram os nossos produtos não compram maior quantidade deles?"

Perguntas diferentes, respostas diferentes. Problemas diferentes, soluções diferentes.

10. DEIXE-OS BRILHAR

Faça com que as pessoas que produzem recebam o crédito por isso. E faça com que elas saibam que o estão recebendo.

"O princípio mais entranhado na natureza humana", escreveu William James, "é a ânsia de valorização." Com efeito, algumas pesquisas mostram que o trabalhador deseja mais reconhecimento que dinheiro. As pessoas gostam de trabalhar onde sabem que serão pessoalmente elogiadas pelas suas sugestões, por seus esforços, pelo seu desempenho. Elas gostam de trabalhar com quem não as diminua. E, quando gostam de fazer alguma coisa, fazem-na melhor.

Certos líderes temem que, se permitirem que as pessoas com quem trabalham brilhem demais, essas pessoas acabarão por empanar a luz deles.

Tolice!

"Muita gente sobe porque é empurrada por baixo e não puxada de cima", disse Donald David.

Afinal, você contratou os funcionários, não foi? Delegou-lhes tarefas, não foi? E sob a sua supervisão é que se saíram bem, não foi?

II.
CUIDADO COM O MEDO

Todo líder experiente sabe que, muitas vezes, as pessoas apresentam desempenho superior quando seus empregos correm perigo e que o medo da desaprovação costuma gerar um trabalho melhor que a expectativa do elogio. Alguns líderes, convém notar, usam o medo como parte do seu estilo de comando.

Mas vejamos dois pontos a propósito do uso do medo.

Em primeiro lugar, ele inibe as pessoas menos experientes ou mais sensíveis, impedindo-as assim de externar suas idéias. No entanto, devido justamente à sensibilidade e à inexperiência, muitas vezes são elas que têm as melhores idéias a oferecer.

Outras pessoas procuram adivinhar o que os chefes desejam: esses chefes nunca lhes dão uma boa idéia quando eles precisam de um pensamento original.

Outras, ainda, ficam a tal ponto paralisadas que não conseguem fazer nada.

Em segundo lugar, e o que é mais importante, embora o medo possa ser útil a curto prazo, a longo prazo é quase sempre ineficaz.

Não só os bons funcionários se recusam a trabalhar nessas condições e acabam indo embora como, o que é pior, o medo envenena o ambiente da companhia e faz com que ali o trabalho não seja divertido.

Por essas razões, raramente os ideístas recorrem ao medo.

12.
NÓS VERSUS ELES, NÃO NÓS VERSUS NÓS

Quando você encarrega duas pessoas ou duas equipes de uma mesma tarefa, é quase certeza que ela não será executada.

Por isso, a maioria dos líderes consigna tarefas específicas a pessoas ou equipes específicas. Isso dá a elas senso de responsabilidade e algo de que se orgulhar.

Todavia, muita gente se mete em competição. Na verdade, não faltam os jogadores inveterados que só mostram sua capacidade quando pressionados. Sabedores disso, alguns líderes instauram a competição na empresa a fim de estimular o desempenho. Colocam duas ou três pessoas, ou duas ou três equipes, no mesmo projeto e depois apenas escolhem a melhor solução.

Não se nega que esse sistema funciona, pois de vez em quando produz soluções melhores e mais rápidas, aumentando a autoconfiança dos vencedores.

Mas, como o uso do medo, ele acaba por envenenar o ambiente positivo que você deve estabelecer. E destrói o orgulho, abalando a auto-imagem daqueles que mais precisam fortalecê-la.

A solução não é abolir a competição por completo, mas redirecioná-la para fora, para os seus verdadeiros concorrentes: as outras companhias.

Quando você achar que convém atribuir um encargo a mais a um funcionário ou grupo, certifique-se de que eles compreendem que outras pessoas, em outras empresas concorrentes, talvez estejam trabalhando no mesmo projeto e que eles precisam ultrapassá-las.

Isso transforma tudo num esforço de equipe — nós *versus* eles, não nós *versus* nós — e permite a você colocar muita gente num único projeto sem prejudicar nem o ambiente nem as pessoas.

Por sinal, o esforço de equipe direcionado para fora ocorre nas agências de publicidade quando elas buscam novas contas e resulta invariavelmente em mais alegria, camaradagem e trabalho excelente.

13. PARTICIPE DO QUE TODOS FAZEM

No Phelps Group, em Santa Mônica, Joe Phelps tem uma "Parede do Desafio" onde os funcionários exibem seus rascunhos de *layouts* e *storyboards*, convidando todos a comentá-los — criticar, elogiar, sugerir alternativas, questionar.

Resultado? Todos se sentem parte de tudo o que a agência de Joe cria.

E o mais importante: cada qual sabe que a sua opinião é bem-vinda e valorizada. Isso robustece sua auto-imagem.

14. COMPARTILHE EXPERIÊNCIAS

COMPARTILHE EXPERIÊNCIAS

Quando as pessoas vivenciam algo juntas, compartilham uma memória comum, uma intuição comum, uma sabedoria comum. Quanto mais coisas dividirem, mais fácil se tornará para elas trabalhar juntas, pois terão desenvolvido uma linguagem de experiência solidária, que passam a usar quando lidam com idéias:

"Lembra-se do que George disse sobre pensar fora da caixa? Talvez estejamos metidos numa agora. Vamos sair já."

"Tentemos reverter a definição."

"Vamos edificar uma pirâmide de benefícios."

"Ah, isso é justamente o que o Dr. Bronowski comentava: que devemos procurar semelhanças inesperadas."

Como ideísta, você deve descobrir se as pessoas com quem trabalha têm experiências a compartilhar.

Nunca mande ninguém sozinho a uma conferência ou seminário fora. E quando os enviados voltarem, veja se eles comunicam o que aconteceu a quem não foi.

Na primeira quarta-feira do mês, faça com que alguém converse com a firma inteira na hora do almoço. Feche as portas. Traga comida. Contrate telefonistas temporárias para atender aos chamados. Transforme a coisa num acontecimento — algo de que as pessoas se lembrem.

Isso não só tornará as tarefas mais divertidas, como fará com que seja mais fácil trabalhar em equipe.

15.
PROCURE MANEIRAS DE GERAR ALEGRIA

Na primeira segunda-feira de cada mês, eu costumava chegar ao escritório mais cedo que de costume e passar algum tempo imaginando meios de fomentar a alegria no ambiente de trabalho.

Ao longo dos anos, criamos inúmeros eventos — concursos, passeios, exposições de artes e técnicas, leilões, galerias, jantares, espetáculos, esportes, festas, concertos, jogos, reuniões de família, piqueniques: tudo o que você pensar, nós provavelmente fizemos.

E, depois de cada evento, podia-se sentir um aumento de energia, de confiança e criatividade.

Assim, na próxima segunda-feira, chegue mais cedo ao trabalho e pense em novas formas de gerar alegria na empresa.

Se não lhe ocorrerem idéias, vá a uma livraria. Praticamente todo livro sobre gerenciamento que encontrar ali falará da importância da alegria. Alguns são mesmo devotados inteiramente, ou quase, ao assunto. Compre um. E acate algumas de suas sugestões.

Os resultados vão colocar um sorriso no seu rosto.

16.
INSISTA NAS FÉRIAS

INSISTA NAS FÉRIAS

Dizer que as férias revigoram as pessoas — que as ajudam a trabalhar melhor quando voltam — equivale a dizer que o oceano é molhado. Todo mundo sabe que isso é verdade. E, como todo mundo sabe, insista para que todos os seus funcionários saiam de férias.

Mas lembre-se: "todos" inclui você.

17.
DEIXE QUE SAIAM
DE FÉRIAS
QUANDO QUISEREM

Não há uma época certa para um bom funcionário sair de férias. Quando ele sai, faz falta. E quanto melhor ele for, mais falta fará.

Em outras palavras, de nenhum modo a ausência de um bom funcionário agradará a você. No curto prazo, você perderá, embora saiba que — em conseqüência do melhor desempenho de quem descansou — no longo prazo a companhia ganhará.

Portanto, deixe-os sair de férias quando lhes convier, apesar de não convir a você.

Desse modo, pelo menos um de vocês ganhará também a curto prazo.

18. ESQUEÇA A EFICIÊNCIA, PREOCUPE-SE COM AS IDÉIAS

ESQUEÇA A EFICIÊNCIA, PREOCUPE-SE COM AS IDÉIAS

Idéias não são estampas, idênticas no tamanho, na forma e no peso.

Cada idéia é uma pérola — única, frágil e luminosa. E até que a idéia seja posta em prática, até que você a veja funcionar no mercado, na linha de produção, na sala de aula ou no escritório, quem sabe o que ela vale?

Sua produção não pode ser julgada do modo como julgamos a produção de uma estampa. Pois, se você não conseguir apreender imediatamente o valor de uma idéia, como aquilatará a eficiência do método que utilizou para produzi-la?

Então, não se preocupe com a eficiência.

Que diferença faz se uma idéia demorar dez vezes mais tempo para aparecer do que outra? Ou se uma pessoa tiver duas vezes mais idéias do que outra? Há quem tenha idéias olhando pela janela, trabalhando no computador ou lendo histórias em quadrinhos; qual o problema?

Não se preocupe com o "quando", o "onde", o "quanto" ou o "quantos".

Preocupe-se com o "quê" — a idéia.

Com a sua experiência, você terá sem dúvida muitas outras sugestões. Ponha-as em prática. Mas apenas se elas

- tornarem o trabalho mais divertido e
- ajudarem as pessoas a se julgarem melhores.

Se você fizer essas duas coisas, revelar-se-á um ideísta, pois, embora não seja grande ou sábio o bastante para as pessoas lhe confiarem o destino delas, pelo menos poderá ajudá-las a acreditar de novo na própria orientação.

Para incentivá-lo a começar, vou lhe contar uma história.

Trabalhei com um diretor de arte chamado Joe Forester. De vez em quando, ele saía do escritório, colocava as mãos em concha ao redor da boca e gritava pelo corredor a plenos pulmões: "HOJE NÃO HÁ AULA! HOJE NÃO HÁ AULA!"

Sempre me pareceu que essas palavras deveriam figurar nas bandeiras dos departamentos de criação em toda parte. Há nelas algo de solto, jovial e estimulante, algo que libera, algo que capta a essência da mentalidade de quem produz idéias diariamente.

Com efeito, a mentalidade criativa é a mentalidade da criança quando o dia está bonito e não há aula; então, a vida é eterna, tudo é fresco e novo, nada é impossível.

Também me parece que HOJE NÃO HÁ AULA vai direto ao tema deste livro: os ideístas que gritam essas palavras pelos corredores, e as companhias que estabelecem essa atmosfera de feriado no local de trabalho liberam a criatividade de seus funcionários.

Assim, da próxima vez que as coisas parecerem melancólicas e arrastadas no ambiente de trabalho, saia da sala, coloque as mãos em concha ao redor da boca e grite a plenos pulmões pelos corredores: "HOJE NÃO HÁ AULA! HOJE NÃO HÁ AULA!"

Você gostará de ver, tenho certeza, como tudo se ilumina.

Parte V. 2 — Faça o trabalho deles parecer mais fácil
Émile Coué, citado por Maxwell Maltz em *Psycho-Cybernetics* (Upper Saddle River, NJ: Prentice-Hall, Inc., 1960).

Parte V. 3 — Não rejeite idéias — peça mais
Lincoln Steffens, *The Autobiography of Lincoln Steffens* (Nova York: Harcourt Brace Jovanovich, Inc., 1931).

Parte V. 4 — Dê-lhes mais de um problema por vez
Michael Guillen em *Bridges to Infinity* (Los Angeles: Jeremy P. Tarcher, Inc., 1983).

Parte V. 9 — Certifique-se de que o problema é o problema
Einstein, citado por Anne C. Roark em *Los Angeles Times*, 29 de setembro de 1989.

Parte V. 10 — Deixe-os brilhar
William James, citado em *Quotable Business*, org. por Louis E. Boone (Nova York: Random House, 1999).

Donald David, ex-diretor da Harvard Business School, citado por James B. Simpson em *Contemporary Quotations* (Nova York: Thomas Y. Crowell Company, 1964).